O AVESSO E O DIREITO

OBRAS DO AUTOR PUBLICADAS PELA EDITORA RECORD

Romance
O estrangeiro
A morte feliz
A peste
O primeiro homem
A queda

Contos
O exílio e o reino

Teatro
Estado de sítio

Ensaio
O avesso e o direito
Bodas em Tipasa
Conferências e discursos – 1937-1958
O homem revoltado
A inteligência e o cadafalso
O mito de Sísifo
Reflexões sobre a guilhotina

Memórias
Diário de viagem

Correspondência
Caro professor Germain: cartas e escritos
Escreva muito e sem medo: uma história de amor em cartas (1944-1959)

Coletânea
Camus, o viajante

ALBERT CAMUS
O AVESSO E O DIREITO

TRADUÇÃO DE
VALERIE RUMJANEK

11ª edição

EDITORA RECORD
RIO DE JANEIRO • SÃO PAULO
2025

CIP-BRASIL. CATALOGAÇÃO NA PUBLICAÇÃO
SINDICATO NACIONAL DOS EDITORES DE LIVROS, RJ

Camus, Albert, 1913-1960
C218a   O avesso e o direito / Albert Camus; tradução de Valerie
11ª ed. Rumjanek. – 11ª ed. – Rio de Janeiro: Record, 2025.
80 p.; 21 cm.

Tradução de: L'Envers er l'Endroit
ISBN 978-85-01-11166-1

1. Ensaio francês. I. Rumjanek, Valerie. II. Título.

17-45852

CDD: 844
CDU: 821.133.1-4

Título original:
L'Envers et L'Endroit

Copyright © Éditions Gallimard, 1958

Texto revisado segundo o novo Acordo Ortográfico da Língua Portuguesa.

Todos os direitos reservados. Proibida a reprodução, no todo ou em parte, através de quaisquer meios. Os direitos morais do autor foram assegurados.

Direitos exclusivos de publicação em língua portuguesa somente para o Brasil adquiridos pela
EDITORA RECORD LTDA.
Rua Argentina, 171 – Rio de Janeiro, RJ – 20921-380 – Tel.: (21) 2585-2000, que se reserva a propriedade literária desta tradução.

Impresso no Brasil

ISBN 978-85-01-11166-1

Seja um leitor preferencial Record.
Cadastre-se no site www.record.com.br e receba
informações sobre nossos lançamentos e nossas promoções.

EDITORA AFILIADA

Atendimento e venda direta ao leitor:
sac@record.com.br

A Jean Grenier

Sumário

Apresentação   9
  (Moacyr Scliar)

Prefácio do autor   13

A ironia   29

Entre o sim e o não   41

Com a morte na alma   53

Amor pela vida   67

O avesso e o direito   75

Condição humana, lugares. E disto que o jovem Camus fala nos ensaios deste livro. A condição humana se revela sobretudo em uns poucos personagens sem nome: uma velha mulher inválida, um velho que contava "bobagens supervalorizadas", uma avó que cria toda a família, uma mulher que se apaixona pelo próprio túmulo. Os lugares: Praga (a cidade de Kafka, que o escritor evoca num ensaio significativamente intitulado "Com a Morte na Alma"), Palma, Ibiza servem de cenário para um admirável processo de autoinvestigação, no qual até mesmo o tédio adquire significação: "Todo país onde não me entedio é um país que nada me ensina" (p. 55). Como Walter Benjamin, Camus sabe que não é difícil achar-se numa cidade, o difícil — e o que realmente importa — é perder-se nela. Ele vagueia pelas ruas, sente cheiros, ouve melodias e pergunta-se (p. 58): "Que significa isso? Que significa isso?"

Não é por acaso que a indagação é repetida. Ela tem duplo destino: Camus interroga-se a si mesmo e interroga aos leitores. *O avesso e o direito* é um livro de respostas — e um livro de perguntas. Tanto as respostas como as perguntas estão marcadas pelo talento e pela sabedoria que já se faziam presentes no jovem Albert Camus e que fizeram dele um dos gênios de nosso tempo.

Moacyr Scliar

Prefácio do autor

Os ensaios reunidos neste volume foram escritos em 1935 e 1936 (tinha, eu, então, vinte e dois anos) e publicados um ano depois na Argélia, em tiragem muito reduzida. Esta edição há muito está esgotada e sempre recusei a reimpressão de *O avesso e o direito*. Minha obstinação não tem razões misteriosas. Não renego nada do que está expresso nesses escritos, mas sua forma sempre me pareceu inábil. Os preconceitos que alimento sobre arte, a despeito de mim mesmo (vou explicar-me sobre isto mais adiante), impediram-me, durante muito tempo, de pensar em sua reedição. Aparentemente, uma grande vaidade, que permitiria supor que meus outros escritos atendem a todas as exigências. Preciso dizer que não se trata de nada disso? Sou apenas mais sensível às impropriedades de *O avesso e o direito* do que a outras, que não desconheço. Como explicá-lo, a não ser reconhecendo que as primeiras interessam, e traem um pouco o assunto que me é mais caro? Resolvida a questão de seu valor literário, posso confessar, na verdade, que o valor de depoimento deste pequeno livro é, para mim, considerável. Digo, efetivamente, para mim, pois é diante de mim que ele depõe, é de mim que ele exige uma fidelidade da qual sou o único a conhecer a profundidade e dificuldades. Gostaria de tentar dizer por quê.

Brice Parain pretende, com frequência, que este pequeno livro contém o que escrevi de melhor. Parain está enganado. Conhecendo sua lealdade, não o digo devido a essa impaciência que acomete todo artista diante daqueles que têm a impertinência de preferir o que ele foi ao que ele é. Não, ele se engana porque, aos vinte e dois anos, exceto no caso de gênios, mal se sabe escrever. Mas compreendo o que Parain, sábio inimigo da arte e filosofia da compaixão, quer dizer. Ele quer dizer, e tem razão, que há mais amor verdadeiro nestas páginas do que em todas as que se seguiram.

Assim, cada artista conserva dentro de si uma fonte única, que alimenta durante a vida o que ele é e o que diz. Quando a fonte seca, vê-se, pouco a pouco, a obra encarquilhar-se e rachar. São as terras ingratas da arte, que a corrente invisível não mais irriga. Com o cabelo ralo e seco, o artista, barba escassa, está maduro para o silêncio ou para os salões, o que vem a dar no mesmo. Nesse caso, sei que minha fonte está em *O avesso e o direito*, nesse mundo de pobreza e de luz em que vivi durante tanto tempo, e cuja lembrança me preserva, ainda, dos dois perigos contrários que ameaçam todo artista: o ressentimento e a satisfação. Para começar, a pobreza nunca foi uma desgraça para mim: a luz espalhava nela suas riquezas. Mesmo as minhas revoltas foram por ela iluminadas. Creio poder dizer, sem trapacear, que, quase sempre, foram revoltas para todos, para que a vida de todos se elevasse na luz. Não é certo que meu coração fosse naturalmente predisposto a esse tipo de amor. Mas as circunstâncias me ajudaram. Para corrigir uma indiferença natural, fui colocado a meio caminho entre a miséria e o sol. A miséria impediu-me de acreditar que tudo vai bem sob o sol e na história; o sol ensinou-me que a história não é tudo. Mudar a vida, sim, mas não o mundo do qual eu fazia minha divindade. Assim é, sem dúvida, que abordei essa carreira desconfortável em que me encontro, enfrentando com inocência uma corda bamba, na qual avanço com dificuldade, sem estar seguro de alcançar a outra ponta. Em outras palavras, tornei-me um artista, se é verdade que não há arte sem recusa nem consentimento.

De qualquer forma, o belo calor que reinou sobre minha infância privou-me de qualquer ressentimento. Eu vivia na adversidade, mas, também, numa espécie de gozo. Sentia em mim forças infinitas: bastava, apenas, encontrar seu ponto de aplicação. Não era a miséria que colocava barreiras a essas forças: na África, o mar e o sol nada custam. A barreira está mais nos preconceitos ou na burrice. Lá, eu tinha todas as oportunidades de desenvolver uma castelhanice, que meu amigo e mestre Jean Grenier ironiza com razão, e que tentei em vão corrigir, até o momento em que compreendi que nisso, também, havia uma fatalidade dos temperamentos. Mais valia, então, aceitar o próprio orgulho e tratar de torná-lo útil do que atribuir-se, como diz Chamfort, princípios mais fortes que o seu caráter. Mas, depois de me questionar, pude constatar que, entre minhas inúmeras fraquezas, jamais figurou o defeito mais difundido entre nós, quero dizer, a inveja, verdadeiro câncer das sociedades e das doutrinas.

O mérito dessa feliz imunidade não é meu. Devo-a, em primeiro lugar, aos meus, a quem quase tudo faltava e que não invejavam quase nada. Só pelo seu silêncio, sua reserva, seu orgulho natural e sóbrio, esta família, que não sabia nem mesmo ler, deu-me, então, minhas mais elevadas lições, que perduram até hoje. E, depois, eu estava ocupado demais em sentir para sonhar com outra coisa. Ainda agora, quando vejo a vida de um ricaço em Paris, há compaixão no distanciamento que ela muitas vezes me inspira. Encontram-se muitas injustiças no mundo, mas existe uma da qual nunca se fala, que é a do clima. Fui, durante muito tempo, um dos beneficiários dessa injustiça, sem o saber. Ouço daqui as acusações de nossos ferozes filantropos, se eles me lessem. Quero fazer os operários passarem por ricos, e por pobres os burgueses, a fim de conservar por mais tempo a feliz servidão de uns e o poder dos outros. Não, não se trata disto. Pelo contrário, quando a pobreza se conjuga com esta vida sem céu nem esperança, que, ao chegar à idade de homem, descobri nos horríveis subúrbios de nossas cidades, então a última injustiça, e a mais revoltante, está consumada: é preciso fazer tudo, na verdade, para que esses homens escapem da dupla humilhação da miséria e da feiura. Nascido pobre, em um bairro operário, não sabia, contudo, o que era a verdadeira infelicidade até conhecer nossos frios subúrbios. Mesmo a mais extrema miséria árabe não se pode comparar a isto, sob a diferença dos céus. Mas, quando se chegou a conhecer os subúrbios industriais, fica-se manchado para sempre, creio eu, e responsável por sua existência.

O que eu disse não é menos verdadeiro. Às vezes, encontro gente que vive em meio a fortunas que não consigo nem mesmo imaginar. Preciso fazer um esforço, contudo, para compreender que se possa invejar essas fortunas. Há muito tempo, durante oito dias, vivi cumulado pelos bens desse mundo: dormíamos sem teto, numa praia; eu me alimentava de frutas e passava a metade de meus dias em águas desertas. Aprendi, nessa época, uma verdade que me levou a receber os sinais do conforto, ou da instalação, com ironia, impaciência e, às vezes, com raiva. Se bem que viva, agora, sem preocupações com o dia de amanhã, portanto como um privilegiado, não sei possuir. Não consigo guardar o que tenho, e o que sempre me é oferecido sem que tenha buscado. Parece-me que é menos por prodigalidade do que por outro tipo de parcimônia: sou avarento com essa liberdade que desaparece assim que começa o excesso de bens. O maior dos luxos nunca deixou de coincidir, no meu caso, com um certo despojamento. Gosto da casa nua dos árabes ou dos espanhóis. O lugar em que prefiro viver e trabalhar (e, coisa mais rara, onde não me importaria de morrer) é o quarto de hotel. Jamais consegui entregar-me ao que se chama a vida de interiores (que, tantas vezes, é o contrário da vida interior); a chamada felicidade burguesa me entedia e me assusta. Esta incapacidade, de resto, nada tem de glorioso; não foi pouca sua contribuição para alimentar meus defeitos. Não invejo nada, o que é um direito meu, mas não penso sempre nas invejas dos outros, e isso me subtrai imaginação, isto é, bondade. É bem verdade que criei uma máxima para uso próprio: "É preciso colocar princípios nas grandes coisas; para as pequenas, basta a misericórdia." Infelizmente, criamos máximas para preencher as lacunas de nossa própria natureza. No meu caso, a misericórdia de que falo chama-se, antes, indiferença. Seus efeitos, com certeza, são menos milagrosos.

Mas quero apenas salientar que a pobreza não pressupõe, obrigatoriamente, a inveja. Mesmo mais tarde, quando uma doença grave tirou-me temporariamente a força de vida que, em mim, tudo transfigurava, apesar das enfermidades invisíveis e das novas fraquezas que nela encontrava, conheci o medo e o desânimo, nunca a amargura. Essa doença, sem dúvida, acrescentava outros entraves, e mais duros, aos que eu já tinha. Afinal, a doença favorecia essa liberdade do coração, essa ligeira distância em relação aos interesses humanos, que sempre me preservou do ressentimento. Este privilégio, desde que vivo em Paris, bem sei que é régio. Mas dele desfrutei sem limites nem remorso; e, pelo menos até o presente, iluminou toda a minha vida. Artista, por exemplo, comecei a viver na admiração, o que, em certo sentido, é o paraíso terrestre. (Sabe-se que atualmente, na França, o costume para estrear nas letras, e, até mesmo, para nelas encerrar a carreira, é, pelo contrário, escolher um artista para ridicularizar.) Da mesma forma, minhas paixões de homem nunca foram "contra". Os seres que amei sempre foram melhores e maiores do que eu. A pobreza, tal como a vivi, não me ensinou, portanto, o ressentimento, mas, ao contrário, uma certa fidelidade, e a tenacidade muda. Se me ocorreu esquecê-lo, apenas eu, ou os meus defeitos, somos responsáveis, e não o mundo em que nasci.

    É, também, a lembrança desses seres que me impediu de nunca ficar satisfeito no exercício de minha profissão. A esse respeito, gostaria de falar, com a maior simplicidade de que sou capaz, de algo sobre o qual os escritores geralmente se calam. Nem mesmo evoco a satisfação que se tem, segundo parece, diante do livro ou da página bem resolvidos. Não sei se muitos artistas a conhecem. No meu caso, creio nunca ter tirado uma alegria da releitura de uma página terminada. Vou até confessar, aceitando que me levem ao pé da letra, que sempre me surpreendeu o sucesso de alguns de meus livros. E claro que nos habituamos a isso, e de maneira bastante vil. No entanto, ainda hoje, sinto-me um aprendiz diante de escritores vivos a quem dou o lugar de seu verdadeiro mérito; entre estes, um dos primeiros é aquele a quem estes escritos foram dedicados, já há vinte anos.* O escritor tem, naturalmente, alegrias para as quais vive e que são suficientes para contentá-lo. Mas, para mim, eu as encontro no instante da concepção, no segundo em que o assunto se revela, em que se delineia a articulação da obra diante da sensibilidade subitamente clarividente, nesses momentos deliciosos em que a imaginação se confunde totalmente com a inteligência. Estes instantes passam assim como nascem. Resta a execução, quer dizer, um longo sofrimento.

 Em outro nível, um artista também tem as alegrias da vaidade. O ofício de escritor, particularmente na sociedade francesa, é, em grande parte, um ofício de vaidade. Eu o digo, aliás, sem desprezo, apenas com pesar. Nesse ponto, sou parecido com os outros; quem pode dizer-se despido dessa ridícula fraqueza? Afinal, numa sociedade consagrada à inveja e à zombaria, chega sempre o dia em que, cobertos de ridículo, nossos escritores pagam caro por essas pobres alegrias. Mas, justamente, em vinte anos de vida literária, meu ofício me trouxe bem poucas alegrias semelhantes, e cada vez menos, à medida que o tempo passa.

 Não será a lembrança das verdades entrevistas em *O avesso e o direito* que sempre me impediu de ficar à vontade no exercício público de minha profissão e me levou a tantas recusas, que nem

---

* Jean Grenier.

sempre me angariaram amigos? Ao ignorar o elogio e a homenagem, na verdade, deixa-se o lisonjeador acreditar que o desdenhamos, enquanto estamos apenas duvidando de nós mesmos. Da mesma forma, se eu tivesse mostrado esta mistura de rispidez e de complacência que se encontra na carreira literária, se tivesse até mesmo exagerado minha ostentação, como tantos outros, eu teria conquistado mais simpatias, porque, afinal, teria entrado no jogo. Mas que fazer se esse jogo me diverte! A ambição de Rubempré ou de Julien Sarei me desconcerta, com frequência, por sua ingenuidade e sua modéstia. A de Nietzsche, de Tolstoi, ou, mesmo, de Melville me perturba, até em função de seu malogro. No sigilo de meu coração, só sinto humildade diante das vidas mais pobres, ou das grandes aventuras do espírito. Entre as duas, encontra-se hoje uma sociedade que provoca o riso.

Às vezes, nessas "estreias" de teatro, que são o único lugar em que encontro o que se chama com insolência o "tout-Paris", tenho a impressão de que a sala vai desaparecer, que esse mundo, tal como parece, não existe. São os outros que me parecem reais, as grandes figuras que gritam no palco. Para não fugir, então, é preciso lembrar-se de que cada um dos espectadores tem, também, um encontro consigo mesmo; que ele sabe disso, e que, daqui a pouco, terá de comparecer a este encontro. Logo ei-lo de novo fraternal: as solidões reúnem aquilo que a sociedade separa. Sabedor disso, como lisonjear essa gente, disputar seus ridículos privilégios, consentir em congratular-se com todos os autores de todos os livros, agradecer ostensivamente a crítica provável; por que tentar seduzir o adversário; com que cara, sobretudo, receber seus cumprimentos e essa admiração, da qual a sociedade francesa se serve (pelo menos, em presença do autor, porque quando ele sai...), tanto quanto do Pernod e das revistas românticas? Não chego a nenhuma conclusão, é um fato. Pode ser que haja nisto muito desse mau orgulho, cuja dimensão e poderes conheço, no meu caso. Mas, se fosse apenas isso, se apenas a minha vaidade estivesse em jogo, parece-me que, muito pelo contrário, eu desfrutaria do elogio superficialmente, em vez de ver nisso um mal-estar repetido. Não, a vaidade que tenho em comum com as pessoas da minha profissão, eu a sinto reagir, sobretudo, a certas críticas que comportam uma grande parte de verdade. Diante do elogio, não é o orgulho que me dá esse ar mesquinho e ingrato, que bem conheço, mas (ao mesmo tempo em que, em mim, é como uma doença do temperamento) um sentimento singular que me acomete, então: "Não é isso..." Não, não é isso, e, por essa razão, às vezes é tão difícil aceitar a reputação, como se diz, que se sente uma espécie de alegria perversa em fazer tudo que é preciso para perdê-la. Muito ao contrário, ao reler *O avesso e o direito* para esta edição, depois de tantos anos, sei, instintivamente, diante de certas páginas, e apesar das impropriedades, que é isso. Isso quer dizer: essa velha mulher, uma mãe silenciosa, a pobreza, a luz sobre as oliveiras da Itália, o amor solitário e povoado; tudo que comprova, a meus próprios olhos, a verdade.

    Desde que estas páginas foram escritas, envelheci e passei por muitas coisas. Aprendi muito sobre mim mesmo, conhecendo meus limites e quase todas as minhas fraquezas. Aprendi menos sobre os seres, porque minha curiosidade é mais sobre o seu destino do que sobre suas reações, e os destinos se repetem muito. Aprendi, pelo menos, que eles existiam e que o egoísmo, se não pode ser renegado, deve tentar ser clarividente. Desfrutar de si é impossível; eu o sei, a despeito dos grandes dons de que disponho para este exercício. Se a solidão existe, o que desconheço, teríamos, efetivamente, o direito de sonhar com ela, como se sonha com o Paraíso. Às vezes, sonho com ela, como todo mundo. Mas dois anjos tranquilos sempre me proibiram a entrada: um mostra o rosto do amigo; o outro, a face do inimigo. Sim, sei tudo isso e aprendi ainda, ou quase, quanto custava o amor. Mas, sobre a vida em si, nada mais sei além do que foi dito, desajeitadamente, em *O avesso e o direito*.

"Não há amor de viver sem desespero de viver", escrevi, não sem ênfase, naquelas páginas. Na época, não sabia a que ponto dizia a verdade; não tinha atravessado, ainda, os tempos do verdadeiro desespero. Estes tempos chegaram e conseguiram destruir tudo em mim, exceto, justamente, o apetite desordenado de viver. Sofro, ainda, dessa paixão, ao mesmo tempo fecunda e destrutiva, que explode até nas páginas mais sombrias de *O avesso e o direito*. Já se disse que só vivemos verdadeiramente algumas horas de nossa vida. Isto é verdadeiro, em certo sentido, e falso em outro. Porque o ardor esfomeado que se vai sentir nos ensaios a seguir nunca me deixou e, para terminar, ele é a vida no que ela tem de pior e de melhor. Eu quis, sem dúvida, corrigir o que ela produzia de pior em mim. Como todo mundo, tentei, bem ou mal, corrigir minha natureza pela moral. Mas, pobre de mim, foi o que me custou mais caro. Com energia, e isso eu tenho, às vezes chega-se a uma conduta segundo a moral, mas não se consegue ser. E sonhar com moral, quando se é um homem de paixão, é consagrar-se à injustiça, no próprio tempo em que se fala de justiça. O homem me parece, às vezes, uma injustiça em movimento: penso em mim. Se, nesse momento, tenho a impressão de me haver enganado, ou de ter mentido, no que às vezes escrevia, é porque não sei como manifestar honestamente minha injustiça. Sem dúvida, nunca afirmei que era justo. Apenas me ocorreu dizer que era preciso tentar sê-lo, e também que era um sofrimento e uma desgraça. Mas a diferença é assim tão grande? E pode realmente pregar a justiça quem não consegue nem mesmo fazê-la reinar em sua vida? Se, ao menos, se pudesse viver segundo a honra, essa virtude dos injustos! Mas nosso mundo considera esta palavra obscena; aristocrata faz parte das injúrias literárias e filosóficas. Não sou aristocrata, minha resposta está contida neste livro: eis os meus; os meus mestres; a minha linhagem; eis, através deles, o que me une a todos. E, no entanto, sim, preciso de honra, porque não sou suficientemente grande para dispensá-la.

Que importa! Queria somente salientar que, se caminhei muito desde este livro, não progredi tanto. Muitas vezes, acreditando avançar, eu recuava. Mas, no final, meus erros, minhas ignorâncias e minhas fidelidades sempre me conduziram à antiga trilha, que comecei a abrir com *O avesso e o direito*, cujos traços se veem em tudo que fiz a seguir, e, na qual, por exemplo, em certas manhãs de Argel, caminho sempre com a mesma leve embriaguez.

Então, se assim e, por que ter-me recusado, durante tanto tempo, a produzir este fraco depoimento? Em primeiro lugar porque, é preciso repeti-lo, há em mim resistências artísticas, tal como em outros há resistências morais ou religiosas. A proibição, a ideia do isso não se faz, que me é bastante estranha, na qualidade de filho de uma livre natureza, está presente em mim como escravo, e escravo admirador de uma tradição artística rigorosa. Talvez esta desconfiança também aponte para minha anarquia profunda, e, com isso, seja útil. Conheço minha desordem, a violência de certos instintos, o abandono sem indulgência a que posso me atirar. Para ser edificada, a obra de arte deve servir-se, em primeiro lugar, dessas forças obscuras da alma. Mas não sem canalizá-las, sem cercá-las de diques, para que sua maré suba da mesma forma. Ainda hoje os meus diques são, talvez, altos demais. Daí esse rigor, às vezes... Simplesmente, no dia em que se estabelecer o equilíbrio entre o que sou e o que digo, talvez nesse dia, e mal ouso escrevê-lo, conseguirei construir a obra com a qual sonho. O que quis dizer aqui é que ela se parecerá com *O avesso e o direito* de uma forma ou de outra, e que irá falar, de certo modo, de amor. Compreende-se, então, o meu segundo motivo de guardar para mim esses escritos de juventude. Na excessiva inabilidade e na desordem com que confiamos os segredos que nos são mais caros, nós os traímos, da mesma maneira, sob um disfarce por demais elaborado. Mais vale esperar para ficar experiente e dar-lhe uma forma, sem deixar de fazer ouvir sua voz, de saber unir em doses mais ou menos iguais o natural e a arte; enfim — ser. Pois ser é tudo poder ao mesmo tempo. Em arte, ou tudo acontece simultaneamente ou nada acontece; não há luzes sem chamas. Um dia, Stendhal exclamou: "Mas a minha alma é um fogo que sofre se não arde." Aqueles que a ele se assemelham nesse ponto só deveriam criar nessa fogueira. Na ponta da chama, o grito sai direto e cria suas palavras, que, por sua vez, o repercutem. Estou falando daquilo que todos nós, artistas, incertos de sê-lo, mas seguros de não ser outra coisa, esperamos, dia após dia, para, finalmente, consentir em viver.

 Já que se trata dessa espera, provavelmente vã, por que, então, aceitar hoje a publicação desta obra? Primeiro, porque os leitores souberam encontrar o argumento que me convenceu.* E, depois, chega sempre um tempo na vida de um artista em que ele deve marcar uma posição, aproximar-se de seu próprio centro, para, em seguida, tratar de manter-se nessa posição. Assim é hoje em dia, e não preciso falar mais sobre isso. Se, apesar de tantos esforços para construir uma linguagem e fazer viver mitos, eu não conseguir um dia reescrever *O avesso e o direito*, nunca terei conseguido nada, eis a minha convicção obscura. Em todo caso, nada me impede de pensar que um dia conseguirei; de imaginar que ainda colocarei no centro dessa obra o admirável silêncio de uma mãe e o esforço de um homem, no sentido de reencontrar uma justiça ou um amor que equilibre este silêncio. Na ilusão da vida, eis o homem que encontra suas verdades e que as perde, na terra da morte, para voltar, através das guerras, dos gritos, da loucura de justiça e de amor, enfim, da dor, para esta pátria tranquila, em que a própria morte é um silêncio feliz. Eis, ainda... Sim, nada impede que se sonhe, na própria hora do exílio, já que pelo menos isso eu sei, com toda a certeza, que uma obra de homem nada mais é do que esse longo caminho para reencontrar, pelos desvios da arte, as duas ou três imagens simples e grandes, às quais o coração se abriu uma primeira vez. Eis por que, talvez, após vinte anos de trabalho e de produção, continuo a viver com a ideia de que minha obra nem mesmo começou. A partir do instante em que, por ocasião desta reedição, me debrucei sobre as primeiras páginas que escrevi, foi isto, em primeiro lugar, que tive vontade de registrar aqui.

---

* É simples. "O livro já existe, mas em número reduzido de exemplares, vendidos a um preço elevado pelos livreiros. Por que apenas os leitores ricos teriam o direito de lê-lo?" De fato, por quê?

O avesso e o direito

A ironia

Há dois anos, conheci uma velha mulher. Sofria de uma doença da qual, achava, iria realmente morrer. Todo o seu lado direito ficara paralisado. Só tinha no mundo a metade de si mesma, quando a outra já lhe era estranha. Velhinha agitada e tagarela, tinham-na reduzido ao silêncio e à imobilidade. Só, durante longos dias, analfabeta, pouco sensível, sua vida inteira se resumia a Deus. Acreditava nele. E a prova é que tinha um rosário, um cristo de chumbo e, de gesso, um são José carregando o Filho. Ela duvidava que a doença fosse incurável, mas afirmava-o para que se interessassem por ela, entregando-se, ainda assim, ao Deus que amava tão mal.

Naqueles dias, alguém se interessava por ela. Era um rapaz. (Ele achava que havia ali uma verdade, e sabia, além disso, que a mulher ia morrer, mas sem se preocupar em resolver esta contradição.) Ele realmente prestara atenção ao tédio da velha mulher. Isso ela sentia bem. E esse interesse era uma dádiva inesperada para a doente. Ela contava-lhe os seus sofrimentos com animação:

esgotara todos os recursos, e era preciso dar lugar aos mais jovens. Se ela se entediava? Com certeza. Não falavam com ela. Ficava no seu canto, como um cachorro. Era melhor acabar com isso. Porque ela preferia morrer a viver à custa de alguém. Sua voz tornara-se rabugenta. Era uma voz de mercado, de barganha. No entanto, o rapaz compreendia. Em sua opinião, contudo, era melhor viver à custa dos outros do que morrer. Mas isto só provava uma coisa: que, sem dúvida, ele nunca vivera à custa de ninguém. E, justamente, dizia à velha — porque vira o rosário: "Resta-lhe o bom Deus." Era verdade. Mas, mesmo nesse aspecto, também a aborreciam. Se lhe ocorria passar um longo momento rezando, se o seu olhar se perdia em algum motivo da tapeçaria, a filha dizia:

— Olhe só, lá vai ela rezar de novo!

— E o que lhe importa isso? — dizia a doente.

— Isto não me importa, mas me irrita...

E a velha calava-se, fixando na filha um longo olhar, carregado de censura. O rapaz escutava tudo isso com um imenso sofrimento desconhecido, que lhe atormentava o peito. E a velha dizia, ainda:

— Ela vai ver quando ficar velha. Também vai precisar disso!

Sentia-se a velha mulher liberada de tudo, exceto de Deus, inteiramente entregue a esse mal último, virtuosa por necessidade, facilmente persuadida de que o único bem digno de amor era o que lhe restava; mergulhada finalmente, e sem retorno, na miséria do homem em Deus. Mas que renasça a vida, e Deus não é forçosamente contra os interesses do homem.

Estavam sentados à mesa. O rapaz fora convidado para o jantar. A velha não comia porque à noite os alimentos são pesados.

Ficava no seu canto, atrás das costas daquele que a havia escutado. E, por sentir-se observado, ele comia mal. No entanto o jantar prosseguia. Para prolongar essa reunião, haviam combinado ir ao cinema. Estava passando, justamente, um filme alegre. O rapaz havia aceitado tolamente, sem pensar no ser que continuava a existir às suas costas.

Os convivas se levantaram para ir lavar as mãos antes de saírem. Evidentemente, não se cogitou de que a velha mulher também fosse. Mesmo que não fosse aleijada, sua ignorância a teria impedido de entender o filme. Ela dizia que não gostava de cinema. Na verdade, não compreendia. Aliás, estava no seu canto e prestava uma atenção intensa e vazia às contas do rosário. Depositava nele toda a sua confiança. Os três objetos que conservava marcavam para ela o ponto material em que começava o divino. A partir do rosário, do Cristo ou do são José, atrás deles, abria-se uma grande e profunda escuridão, na qual ela colocava toda a sua esperança.

Todos estavam prontos. Aproximavam-se da velha para beijá-la e desejar-lhe boa-noite. Ela já havia compreendido, e apertava com força o rosário. Mas parecia efetivamente que este gesto podia ser tanto de desespero quanto de fervor. Eles a haviam beijado. Só restava o rapaz. Ele apertara a mão da mulher com afeto e já se virava. Mas ela o via partir, aquele que se interessara por ela. Não queria ficar só. Já sentia o horror da solidão, a insônia prolongada, o decepcionante tête-à-tête com Deus. Sentia medo, só confiava no homem e, agarrando-se ao único ser que manifestara interesse, não lhe largava a mão, apertava-a, agradecendo-lhe, desajeitadamente, para justificar essa insistência. O rapaz estava pouco à vontade. Os outros logo se voltaram para convidá-lo a apressar-se. O espetáculo começava às nove horas, e era melhor chegar um pouco antes para não esperar na bilheteria.

Ele sentia-se colocado diante da mais terrível desgraça que conhecera até então: a de uma velha mulher inválida que abandonamos para ir ao cinema. Ele queria ir embora e escapar, não queria saber, tentava retirar a mão. Por um segundo, sentiu um ódio feroz dessa velha mulher, e pensou em esbofeteá-la violentamente.

Finalmente, conseguiu libertar-se e partir, enquanto a doente, semierguida em sua poltrona, via, com horror, esvair-se a única certeza na qual teria podido confiar. Nada a protegia agora. E, inteiramente entregue ao pensamento de sua morte, não sabia exatamente o que a assustava, mas sentia que não queria ficar só. Deus não lhe servia para nada, a não ser para afastá-la dos homens e torná-la só. Ela não queria deixar os homens. Por isso, começou a chorar.

Os outros já estavam na rua. Um tenaz remorso atormentava o rapaz. Ergueu os olhos em direção à janela iluminada, grande olho morto na casa silenciosa. O olho fechou-se. A filha da velha mulher doente disse ao rapaz:

— Ela sempre apaga a luz quando fica sozinha. Ela gosta de ficar no escuro.

*

O velho pontificava, juntava as sobrancelhas, sacudia um dedo indicador sentencioso. Ele dizia:

— Meu pai me dava cinco francos para eu me divertir até o outro sábado. Pois bem, eu ainda achava um jeito de economizar alguns tostões. Primeiro, para ir ver minha noiva, em pleno campo, eu caminhava quatro quilômetros para ir e quatro para voltar. Vamos, vamos, sou eu que digo a vocês, a juventude de hoje não sabe se divertir.

Estavam à volta de uma mesa redonda, três jovens e ele, velho. Contava suas pobres aventuras: bobagens supervalorizadas, cansaços que ele celebrava como vitórias. Não media silêncios no seu relato e, com pressa de dizer tudo antes de ser deixado, retinha do passado o que achava próprio para comover seus ouvintes. Fazer-se ouvir era seu único vício: recusava-se a ver a ironia dos olhares e a grosseria zombeteira com que o cumulavam. Para eles, era o velho em cujo tempo sabe-se que tudo ia bem, enquanto ele acreditava ser o avô respeitado, com uma experiência de peso. Os jovens não sabem que a experiência é uma derrota, e que é preciso perder tudo para saber um pouco. Ele havia sofrido. Nada dizia sobre isso. É melhor parecer feliz. E, depois, se estivesse errado em relação a isso, ele se enganaria mais ainda ao querer, pelo contrário, comover através das próprias desgraças. Que importam os sofrimentos de um homem velho quando a vida nos ocupa inteiramente? Ele falava, falava, divagava com deleite no desalento da voz velada. Mas isso não podia durar. Seu prazer exigia um fim, e a atenção dos ouvintes declinava. E os jovens gostam do bilhar e das cartas, que não se parecem com o trabalho imbecil de cada dia.

Logo ficou só, apesar de seus esforços e de suas mentiras para tornar o relato mais atraente. Sem maiores considerações, os jovens foram embora. Novamente só. Não ser mais escutado: isto é o terrível quando se é velho. Condenavam-no ao silêncio e à solidão. Mostravam-lhe que ia morrer logo. E um velho homem que vai morrer é inútil, até mesmo incômodo e insidioso. Que vá embora. Ou, então, que se cale: é a mínima deferência. E ele sofre porque não consegue se calar sem pensar que está velho. No entanto, levantou-se e foi embora, sorrindo para todos à sua volta. Mas só encontrou rostos indiferentes ou agitados por uma alegria da qual ele não tinha o direito de participar. Um homem ria:

— Ela é velha, não digo que não, mas, às vezes, é a galinha velha que dá o melhor caldo.

Um outro, já mais sério:

— Nós, nós não somos ricos, mas comemos bem. Veja o meu neto, come mais que o pai. O pai precisa de uma libra de pão; para ele tem que ser um quilo! E tome linguiça, tome camembert. Às vezes, quando acaba, ele diz: An, an..! e continua a comer.

O velho afastou-se. E, com seu passo lento, um passinho de burro de carga, percorreu as calçadas compridas, carregadas de homens. Sentia-se mal e não queria voltar para casa. Normalmente, ele gostava de encontrar a mesa e o lampião a óleo, os pratos, em que os dedos instintivamente encontravam o seu lugar. Gostava, também, do jantar silencioso, a velha sentada diante dele, os bocados mastigados longamente, o cérebro vazio, os olhos fixos e mortos. Nessa noite, ele voltaria para casa mais tarde. O jantar servido e frio, a velha estaria deitada, sem preocupação, porque conhecia seus atrasos imprevistos. Dizia: "Ele está 'de lua'", e tudo estava dito.

Ele seguia, agora, na suave teimosia de seu passo. Estava só e velho. No final de uma vida, a velhice volta em ondas de náusea. Tudo acaba por não ser escutado. Ele caminha, vira na esquina de uma rua, dá uma topada e quase cai. Eu o vi. É ridículo, mas que fazer? Apesar de tudo, ele prefere a rua, melhor a rua do que essas horas em casa, quando a febre lhe turva a visão da velha e o isola no quarto. Então, às vezes, a porta abre-se lentamente e fica entreaberta por um instante. Entra um homem. Está vestido com roupas claras. Senta-se diante do velho e fica calado durante longos minutos. Está imóvel como a porta há pouco aberta. De vez em quando, passa a mão pelos cabelos e suspira suavemente. Depois de olhar por muito tempo o homem velho, com o mesmo olhar carregado de tristeza, vai embora, silenciosamente. Atrás dele, ouve-se o ruído seco do trinco, e o velho fica lá, horrorizado, com seu medo ácido e doloroso no ventre. Enquanto isso, na rua, ele não fica só, por menos gente que encontre. Sua febre canta. Seu passo miúdo se apressa: amanhã, tudo vai mudar, amanhã. De repente, ele descobre que amanhã será igual, e depois de amanhã, e todos os outros dias. E essa irremediável descoberta o esmaga. São ideias semelhantes que nos fazem morrer. Por não conseguir suportá-las, as pessoas se matam — ou, quando se é jovem, fazem-se frases sobre elas.

Velho, louco, bêbado, não se sabe. Seu fim será um fim digno, soluçante, admirável. Morrerá bem, quero dizer, sofrendo. Isso lhe servirá de consolo. E, aliás, ir para onde: está velho para sempre. Os homens constroem sobre a velhice vindoura. A essa velhice acometida de irremediáveis querem dar o ócio que os deixa indefesos. Querem ser contramestres para se refugiarem numa pequena casa no campo. Mas, uma vez enterrados na idade, bem sabem que é falso. Precisam dos outros homens para se protegerem. E, no seu caso, precisava que o escutassem para acreditar na sua vida. Agora, as ruas estavam mais escuras e mais desertas. Ainda passavam vozes. Elas se tornavam mais solenes na estranha calma do anoitecer. Atrás dos morros que circundavam a cidade ainda havia lampejos do dia. Uma fumaça imponente, vinda não se sabe de onde, surgiu por trás dos cumes arborizados das colinas. Lenta, subiu e acomodou-se em camadas, como um pinheiro. O velho fechou os olhos. Diante da vida, que levava o burburinho da cidade, e do sorriso tolo e indiferente do céu, ele estava só, desamparado, nu, já morto.

É preciso descrever o reverso dessa bela medalha? Com certeza, num cômodo sujo e obscuro, a velha servia a mesa — pronto o jantar, ela sentou-se, olhou a hora, esperou um pouco e começou a comer com apetite. Ela pensava: "Ele é 'de lua'." Tudo estava dito.

*

Os cinco viviam juntos: a avó, o filho caçula, a filha mais velha e seus dois filhos. O filho era quase mudo; a filha, doente, tinha dificuldade de pensar, e, dos dois filhos, um já trabalhava em uma companhia de seguros e o outro continuava a estudar. Aos setenta anos, a avó dominava toda essa gente. Acima de sua cama, via-se um retrato seu, no qual, cinco anos mais jovem, toda ereta num vestido preto, fechado no pescoço por um medalhão, sem uma ruga, com imensos olhos claros e frios, tinha o porte de uma rainha, que só abandonou com a idade, e que, às vezes, tentava recuperar na rua.

A esses olhos claros o neto devia uma lembrança que, até hoje, o fazia enrubescer. A velha esperava que houvesse visitas para perguntar-lhe, com um olhar severo: "Quem você prefere, sua mãe ou sua avó?" O jogo se complicava quando a própria filha estava presente.

Isto porque, em todos os casos, o menino respondia: "Minha avó", com um grande arrebatamento de amor no coração por essa mãe que sempre se calava. Ou, então, quando as visitas se espantavam com essa preferência, a mãe dizia: "Foi ela quem o criou." É que a velha acreditava ser o amor algo que se exige. Extraía de sua consciência de boa mãe de família uma espécie de rigidez e de intolerância. Nunca enganara o marido e lhe dera nove filhos. Após sua morte, ela criara a pequena família com energia. Deixando a pequena chácara do subúrbio, acabaram em um velho bairro pobre, onde moravam há muito tempo.

E, certamente, a essa mulher não faltavam qualidades. Mas, para os netos, que estavam na idade dos juízos absolutos, ela era apenas uma atriz. Assim, eles sabiam, por um dos tios, de uma história significativa. O tio, ao fazer uma visita à sogra, vira-a, parada, à janela. Mas ela o recebera com um pano na mão, e se desculpava por ter que continuar seu trabalho, devido ao pouco tempo que os cuidados com a casa lhe deixavam. E é preciso confessar efetivamente que tudo era assim. Com excessiva facilidade ela desmaiava, ao sair de uma discussão de família. Também sofria de vômitos dolorosos, devido a um mal do fígado. Mas não usava de nenhuma discrição no exercício de sua doença. Longe de isolar-se, vomitava ruidosamente na lata de lixo da cozinha. E, de volta aos seus, pálida, com os olhos cheios de lágrimas do esforço, se lhe imploravam que fosse deitar-se, ela lembrava que precisava cozinhar e o lugar que detinha na direção da casa: "Sou eu que faço tudo aqui." E mais: "Que seria de vocês se eu desaparecesse!"

As crianças habituaram-se a não levar em conta os seus vômitos, os seus "ataques", como ela dizia, nem as suas queixas. Um dia ela ficou de cama e pediu que chamassem um médico. Chamaram-no para fazer-lhe a vontade. No primeiro dia ele detectou um simples mal-estar; no segundo, um câncer de fígado; e, no terceiro, uma icterícia grave. Mas o menino mais novo acabava vendo nisso apenas uma outra comédia, uma encenação mais requintada. Não estava preocupado. Essa mulher o oprimia demais para que sua primeira percepção pudesse ser pessimista. E há uma espécie de coragem desesperada na lucidez e na recusa de amar. Mas, ao representar a doença, pode-se senti-la: a avó levou a simulação até a morte. No último dia, assistida pelos filhos, liberava suas fermentações intestinais. Com simplicidade, dirigiu-se ao neto: "Está vendo? Estou peidando como um porquinho." Morreu uma hora depois.

O neto, ele sentia-o bem agora, não compreendia nada daquilo tudo. Não conseguia livrar-se da ideia de que esse desempenho diante dele fora a última e mais monstruosa das encenações daquela mulher. E, quando se questionava sobre a dor que sentia, não descobria nenhuma. Só chorou no dia do enterro, devido à explosão geral de lágrimas, mas com receio de não ser sincero e de estar mentindo diante da morte. Era um lindo dia de inverno, atravessado de raios de sol. No azul do céu, adivinhava-se o frio todo reluzente de amarelo. O cemitério ficava no alto da cidade, e, de lá, podia-se ver o belo sol transparente pondo-se sobre a baía trêmula, como um lábio úmido.

*

Isso tudo não se concilia? Bela verdade. Uma mulher que se abandona para ir ao cinema, um velho que não é mais ouvido, uma morte que nada resgata, e, então, do outro lado, toda a luz do mundo. Que diferença faz isso, se tudo se aceita? Trata-se de três destinos semelhantes e, contudo, diferentes. A morte para todos, mas a cada um a sua morte. Afinal, o sol nos aquece os ossos, apesar de tudo.

Entre o sim e o não

Se é verdade que os únicos paraísos são os que se perderam, sei como devo chamar essa coisa terna e desumana que existe hoje em mim. Um emigrante volta à sua pátria. E eu, eu me lembro: ironia, resistência, tudo se cala, e eis-me repatriado. Não quero ruminar a felicidade. É bem mais simples e é bem mais fácil. Pois destas horas que, do fundo do esquecimento, trago de volta para mim, conservou-se, sobretudo, a lembrança intacta de uma emoção pura, de um instante suspenso na eternidade. Esta é a única verdade em mim, e sei disso sempre tarde demais. Amamos a flexão de um gesto, a oportunidade de uma árvore na paisagem. E, para recriar todo esse amor, só temos um detalhe, mas que é suficiente: um cheiro de quarto que ficou muito tempo fechado, o som singular de um passo na estrada. Comigo é também assim. E se eu amava, então, ao entregar-me, enfim eu era eu mesmo, já que só o amor nos faz sermos nós mesmos.

Lentas, calmas e graves, essas horas voltam, tão fortes, tão comoventes — porque anoitece, a hora é triste e há uma espécie de desejo vago no céu sem luz. Cada gesto reencontrado me revela a mim mesmo. Disseram-me um dia: "É tão difícil viver." E eu me lembro do tom. De outra vez, alguém murmurou: "O pior erro é fazer sofrer." Quando tudo acaba, a sede de vida se extingue. É a isso que se chama felicidade? Ao percorrer essas lembranças, vestimos tudo com a mesma roupagem discreta, e a morte nos surge como um pano de fundo em tons envelhecidos. Mudamos de opinião sobre nós mesmos. Sentimos o nosso infortúnio e dele gostamos mais. Sim, talvez seja a felicidade, o sentimento piedoso de nossa infelicidade.

É isso que ocorre nesse anoitecer. No café mouro, lá no final da cidade árabe, recordo-me não de uma felicidade passada, mas de um estranho sentimento. Já é noite. Nas paredes, leões amarelo-canário perseguem xeques vestidos de verde, entre palmeiras de cinco galhos. Num canto do café, um lampião de acetileno dá uma luz inconstante. A iluminação real vem da lareira, no fundo de um pequeno forno, guarnecido de esmaltes verdes e amarelos. A chama ilumina o centro da peça, e sinto os reflexos no rosto. Estou de frente para a baía. Acocorado a um canto, o proprietário do café parece olhar para meu copo vazio, com uma folha de hortelã no fundo. Ninguém na sala, lá de baixo chegam os ruídos da cidade; mais adiante, as luzes sobre a baía. Ouço a respiração forte do árabe, seus olhos brilham na penumbra. Será o ruído do mar ao longe? O mundo suspira para mim, com um ritmo longo, e me traz a indiferença e a tranquilidade daquilo que não morre. Grandes reflexos vermelhos fazem ondular os leões nas paredes.

O ar fica fresco. Uma sirene no mar. Os faróis começam a girar: uma luz verde, uma vermelha, uma branca. E sempre este grande suspiro do mundo. Uma espécie de canto secreto nasce dessa indiferença. E eis-me de novo repatriado. Penso em um menino que viveu em um bairro pobre. Aquele bairro, aquela casa! Só havia um andar e a escada não era iluminada. Ainda hoje, depois de tantos anos, ele poderia voltar para lá em plena noite. Sabe que subiria a escada com toda a velocidade, sem tropeçar uma única vez. O próprio corpo está impregnado desta casa. As pernas ainda conservam em si a medida exata da altura dos degraus. Na mão, o horror instintivo, jamais dominado, do corrimão da escada. E era por causa das baratas.

Nas noites de verão, os operários instalam-se na varanda. Em casa, ele só tinha uma janelinha. Então, desciam-se as cadeiras, que eram colocadas diante da casa, e saboreava-se o anoitecer. Havia a rua, os vendedores de sorvete ao lado, os cafés em frente e os ruídos das crianças correndo de porta em porta. Mas sobretudo, entre as grandes figueiras, havia o céu. Há uma solidão na pobreza, mas uma solidão que dá o devido valor a cada coisa. Em certo nível de riqueza, o próprio céu e a noite cheia de estrelas parecem bens naturais. Mas, no limite inferior da escala, o céu retoma todo o seu sentido: uma dádiva sem preço. Noites de verão, mistérios em que crepitavam as estrelas! Havia, atrás do menino, um corredor fétido, e a sua cadeirinha, esburacada, afundava-se um pouco sob o seu peso. Mas, levantando os olhos, ele sorvia a noite pura. Às vezes, passava um bonde, grande e rápido. Um bêbado, por fim, cantarolava na esquina da rua sem conseguir perturbar o silêncio.

A mãe do menino ficava também calada. Em certas circunstâncias, faziam-lhe uma pergunta: "Em que está pensando?" "Em nada", respondia. E era efetivamente verdade. Tudo estava lá; portanto, nada. Sua vida, seus interesses, seus filhos limitam-se a estar lá, com uma presença natural demais para ser sentida. Ela era doente, pensava com dificuldade. Tinha uma mãe rude e dominadora, que tudo sacrificava por um amor próprio de animal suscetível, e que durante muito tempo dominara a mente fraca da filha. Emancipada pelo casamento, a filha voltou para casa docilmente quando o marido morreu. Morreu no campo de batalha, como se diz. Em boa situação, pode-se ver em uma moldura dourada a cruz de guerra e a medalha militar. O hospital mandou, ainda, para a viúva, um pequeno estilhaço de obus encontrado nas suas carnes. A viúva guardou-o. Há muito não sente mais tristeza. Esqueceu o marido, mas fala, ainda, no pai de seus filhos. Para criá-los, ela trabalha e dá o dinheiro à mãe. Esta faz a educação das crianças com um chicote curto. Quando bate com força demais, a filha lhe diz: "Não bata na cabeça." Porque são seus filhos, ela os ama muito. Ama-os com um amor igual, que nunca lhes foi revelado. Às vezes, como nessas tardes das quais ele se lembrava, ao voltar do trabalho extenuante (é diarista), encontra a casa vazia. A velha foi fazer compras e as crianças estavam ainda na escola. Deixa-se cair, então, numa cadeira e, com os olhos vagos, perde-se na busca vã de uma ranhura do assoalho. À sua volta, torna-se densa a noite, na qual essa mudez é de uma desolação irremediável. Se o menino entra nesse momento, distingue a magra silhueta de ombros ossudos e se detém; está com medo. Começa a sentir muitas coisas. Mas tem dificuldade de chorar diante desse silêncio animal. Ele sente pena da mãe; isto é amá-la? Ela jamais o acariciou porque não saberia como. Ele fica, então, olhando-a durante longos minutos. Ao sentir-se um estranho, toma consciência de sua dor. Ela não o ouve, porque é surda. Logo a velha vai voltar, a vida recomeçará: a luz redonda do lampião a óleo, o encerado, os gritos, os palavrões. Mas, agora, o silêncio marca um tempo de parar, um instante desmedido. Por sentir isso de modo confuso, o menino acredita sentir no arrebatamento que palpita nele o amor pela mãe. E assim deve ser, porque, afinal de contas, é sua mãe.

Ela não pensa em nada. Lá fora, a luz, os ruídos; aqui, o silêncio na noite. O menino vai crescer, vai aprender. Educam-no e lhe pedirão reconhecimento, como se lhe evitassem a dor. A mãe terá sempre esses silêncios. Ele crescerá na dor. Ser homem, é o que conta. A avó vai morrer, depois a mãe, ele.

A mãe teve um sobressalto. Ficou com medo. Ele fica com um ar idiota quando olha para ela assim. Que vá fazer os deveres. O menino já fez os seus deveres. Hoje, ele está num café sórdido. Agora, é um homem. Não é isso que conta? É preciso efetivamente acreditar que não, pois fazer os deveres e aceitar ser homem leva, apenas, a ser velho.

O árabe no seu canto, sempre de cócoras, segura os pés com as mãos. Lá fora, das mesas vem um cheiro de café torrado com falatórios animados de vozes jovens. Um rebocador dá ainda a nota grave e terna. O mundo termina aqui como cada dia, e, de todos os seus tormentos sem medida, só resta agora esta promessa de paz. A indiferença dessa mãe estranha! Só a imensa solidão do mundo me dá sua medida. Certa noite, haviam chamado o filho —

já grande — para ficar a seu lado. Um susto lhe valera uma séria comoção cerebral. Ela tinha o hábito de ficar na varanda no fim do dia. Pegava uma cadeira e colocava a boca sobre o ferro frio e salgado da varanda. Então, ficava olhando as pessoas passarem. Atrás dela, a noite se fechava, pouco a pouco. À sua frente, as lojas iluminavam-se bruscamente. O volume de gente e de luzes aumentava na rua. Ela se perdia ali, numa contemplação sem propósito. Na noite de que se trata, um homem surgira por trás dela, arrastara-a, brutalizara-a e fugira ao ouvir ruídos. Ela nada vira, e havia desmaiado. Estava deitada quando o filho chegou. Seguindo recomendação do médico, ele decidiu passar a noite com ela. Estendeu-se na cama, a seu lado, por cima dos próprios cobertores. Era verão. O medo do drama recente permanecia no quarto superaquecido. Ouviam-se ruídos de passos e as portas rangiam. No ar abafado, flutuava o cheiro do vinagre com que se havia reanimado a doente. Ela, por sua vez, agitava-se, gemia, às vezes tinha movimentos bruscos. Ela o tirava, então, das curtas sonolências das quais emergia encharcado de suor, já alerta — e nas quais voltava a mergulhar, pesadamente, após olhar para o relógio, onde dançava, repetida três vezes, a chama da lamparina. Apenas muito mais tarde sentiu o quanto tinham estado sós naquela noite. Sós contra todos. "Os outros" dormiam, na hora em que ambos respiravam a febre. Naquela velha casa, tudo parecia, então, oco. Os bondes da meia-noite, ao se afastarem, drenavam toda a esperança que vem dos homens, todas as certezas que o ruído das cidades nos dá. Sua passagem ressoava, ainda, pela casa, e, aos poucos, tudo se extinguia. Só restava um grande jardim de silêncio, em que se amplificavam, às vezes, os gemidos amedrontados da doente. Ele nunca se sentira tão deslocado. O mundo se dissolvera, e, com ele, a ilusão de que a vida vai recomeçar todos os dias. Nada mais existia, nem os estudos, as ambições, as preferências nos restaurantes ou as cores prediletas. Nada, a não ser a doença e a morte nas quais ele se sentia mergulhado... E, no entanto, na própria hora em que o mundo desmoronava, ele vivia. E acabara até mesmo adormecendo. Não, entretanto, sem levar consigo a imagem desesperadora e terna de uma solidão a dois.

Mais tarde, bem mais tarde, ele iria lembrar-se daquele cheiro misturado de suor e de vinagre, do momento em que sentira os elos que o uniam à mãe. Como se ela fosse a imensa piedade de seu coração, espalhada a sua volta, corporificada, e desempenhando, com atenção, sem preocupar-se com a impostura, o papel de uma velha mulher pobre, de destino comovente.

Agora, o fogo se recobre de cinzas na lareira E sempre o mesmo suspiro da terra. Uma darbuka faz ouvir o seu canto perolado. Uma voz risonha de mulher se abandonava ali. Luzes avançam na baía — são, sem dúvida, os barcos de pesca que voltam ao quebra-mar. O triângulo de céu que vejo do meu lugar está despojado das nuvens do dia. Abarrotado de estrelas, ele estremece sob um sopro puro, e as asas felpudas da noite batem lentamente a meu redor. Até onde irá esta noite, na qual já não sou mais senhor de mim? Há uma virtude perigosa na palavra simplicidade. E nesta noite, compreendo que se possa desejar morrer, porque, diante de uma certa transparência da vida, nada mais tem importância. Um homem sofre e passa por desgraças e mais desgraças. Ele as suporta e instala-se em seu destino. Ele é estimado. E, depois, uma noite, nada: encontra um amigo de quem gostou muito. Este lhe fala distraidamente. Ao voltar para casa, o homem se mata. Fala-se, em seguida, de tristezas íntimas e de drama secreto. Não. E se for absolutamente necessária uma causa, matou-se porque um amigo falou com ele distraidamente. Da mesma forma, cada vez que me pareceu experimentar o sentido profundo do mundo, foi sempre a sua simplicidade que me perturbou. Minha mãe, naquela noite, e sua estranha indiferença. De outra vez, eu morava só, em uma villa de subúrbio, com um cachorro, um casal de gatos e os filhotes, todos pretos. A gata não conseguia alimentá-los. Um a um, morriam todos os filhotes. Enchiam o seu cômodo de imundícies. E toda noite, ao voltar para casa, eu encontrava um deles todo esticado, com os beiços arregaçados. Certa noite, encontrei o último, com a metade comida pela mãe. Ele já cheirava mal. O odor da morte misturava-se ao odor de urina. Sentei-me, então, no meio de toda aquela miséria, e, com as mãos na sujeira, respirando aquele cheiro de podridão, olhei por muito tempo para a chama demente que brilhava nos olhos verdes da gata, imóvel no canto. Sim. Esta noite também é assim. Em um certo grau de despojamento, nada mais leva a mais nada, nem a esperança, nem o desespero parecem justos, e a vida inteira resume-se a uma imagem. Mas por que parar aí? É simples, tudo é simples, nas luzes dos faróis, uma verde, uma vermelha, uma branca; no frescor da noite e nos cheiros de cidade e de porcaria que sobem e chegam a mim. Se, nessa noite, é a imagem de uma certa infância que volta, como não acolher a lição de amor e de pobreza que dela possa extrair? Já que essa hora é como um intervalo entre o sim e o não, deixo para outras horas a esperança e o desgosto de viver. Sim, recolher apenas a transparência e a simplicidade dos paraísos perdidos: em uma imagem. E é assim que, não há muito tempo, em uma casa de um velho bairro, um filho foi ver a mãe. Sentaram-se, um diante do outro, em silêncio. Mas seus olhares se encontram:

— Então, mamãe...

— Então, é isso.

— Você está entediada? Não estou falando muito?

— Ah, você nunca falou muito.

E um belo sorriso sem lábios dissolve-se no seu rosto. É verdade, ele nunca lhe falou. Mas, na realidade, para quê? Calando-se, a situação se esclarece. Ele é seu filho, ela é sua mãe. Ele pode dizer-lhe: "Você sabe."

Ela está sentada ao pé do sofá, com os pés juntos, as mãos juntas sobre os joelhos. Ele, na sua cadeira, mal olha para ela, e fuma sem parar. Um silêncio.

— Você não deveria fumar tanto.

— É verdade.

Todo o cheiro do bairro sobe pela janela. O acordeão do café vizinho, o tráfego que se apressa à noite, o cheiro das brochettes de carne grelhada, que se comem entre pequenos pães elásticos, uma criança que chora na rua. A mãe levanta-se e pega o tricô. Tem os dedos dormentes, que a artrite deformou. Ela trabalha devagar, retomando três vezes o mesmo ponto ou desfazendo toda uma carreira com um estalido surdo.

— É um pequeno colete. Vou usá-lo com uma gola branca. Isto e o meu casaco preto, e estarei vestida para a estação. — Levantou-se para acender a luz. — Agora, escurece cedo.

É verdade. Não era mais verão e ainda não era outono. No céu suave, ouvia-se, ainda, o canto das andorinhas.

— Você vai voltar em breve?

— Mas nem fui embora ainda. Por que fala nisso?

— Não, era para dizer qualquer coisa. Passa um bonde. Um automóvel.

— É verdade que sou parecido com meu pai?

— Ah, é o pai cuspido e escarrado. É claro, você não o conheceu. Tinha seis meses quando ele morreu. Mas se você tivesse um bigodinho!

Ele falou no pai sem convicção. Nenhuma lembrança, nenhuma emoção. Sem dúvida, um homem como tantos outros. Aliás, ele partira muito entusiasmado. No Mame, o crânio aberto. Cego e agonizante durante uma semana: inscrito no monumento aos mortos de sua comuna.

— No fundo — diz ela —, foi melhor assim. Ele teria voltado cego ou louco. Então, coitado...

— É verdade.

E o que o retém nesse quarto, a não ser a certeza de que toda a absurda simplicidade do mundo se refugiou naquele cômodo.

— Você vai voltar? — diz ela. — Sei que tem trabalho. Só que, de vez em quando...

Mas a essa hora, onde estou? E como separar esse café deserto daquele quarto do passado. Não sei mais se vivo ou se me recordo. As luzes dos faróis estão lá. E o árabe que se ergue à minha frente me diz que já vai fechar. É preciso sair. Não quero mais descer essa ladeira tão perigosa. É verdade que olho, uma última vez, para a baía e suas luzes; que o que sobe, então, e chega a mim não é mais a esperança de dias melhores, mas uma indiferença serena e primitiva, a tudo e a mim mesmo. Mas é preciso quebrar essa curva suave demais e fácil demais. E preciso de minha lucidez. Sim, tudo é simples. São os homens que complicam as coisas. Que não nos venham contar histórias. Que não nos venham dizer, sobre o condenado à morte: "Vai pagar sua dívida com a sociedade", e sim: "Vão cortar-lhe o pescoço."

Isso não parece nada. Mas faz uma pequena diferença. E, depois, há gente que prefere olhar o seu destino nos olhos.

Com a morte na alma

Cheguei a Praga às seis horas da tarde. Deixei logo a bagagem no guarda-volumes. Tinha, ainda, duas horas para procurar um hotel. E sentia-me inflado por um estranho sentimento de liberdade, porque minhas duas malas não me pesavam mais nos braços. Saí da estação, caminhei pelos jardins e, de repente, me vi lançado em plena Avenida Wenceslas, fervilhante de gente àquela hora. À minha volta, um milhão de seres que tinham vivido até então, e nada transpirara para mim de sua existência. Eles viviam. Eu estava a milhares de quilômetros do país familiar. Não compreendia a língua. Todos andavam depressa. E, ao me ultrapassarem, todos se desligavam de mim. Perdi o passo.

Eu tinha pouco dinheiro. Dava para viver seis dias. Mas, ao fim desse tempo, alguém devia encontrar-se comigo. No entanto, fiquei preocupado também com este assunto. Comecei, então, a busca de um hotel modesto. Eu estava na cidade nova e todos que surgiam explodiam em luzes, risos e mulheres. Caminhei mais rapidamente. Algo na minha corrida precipitada já se assemelhava a uma fuga. Por volta de oito horas, contudo, cheguei, cansado, à cidade velha. Lá, seduziu-me um hotel de aparência modesta, com uma pequena entrada. Entro. Preencho minha ficha, pego a chave. Meu quarto é o 34, no terceiro andar. Abro a porta e vejo-me numa peça muito luxuosa. Procuro uma indicação de preço: é duas vezes mais alto do que eu pensava. A questão do dinheiro torna-se espinhosa. Só consigo viver de modo pobre nessa grande cidade. A inquietação, ainda há pouco indiferenciada, agora fica precisa. Sinto-me oco, vazio. No entanto, um momento de lucidez: sempre me atribuíram, com ou sem razão, a maior indiferença em relação ao dinheiro. Que vem fazer aqui essa tola apreensão? Mas logo a mente se põe em movimento. É preciso comer, caminhar de novo e procurar o restaurante modesto. Não devo gastar mais do que dez coroas em cada refeição. De todos os restaurantes que vejo, o menos caro é, também, o menos acolhedor. Passo e torno a passar. No interior, finalmente percebem minhas manobras: é preciso entrar. Trata-se de uma pequena taberna subterrânea, bastante escura, pintada com afrescos pretensiosos. O público é bastante diversificado. A um canto, algumas moças fumam e falam com um ar sério. Os homens comem, a maior parte deles sem idade e sem cor. O garçom, um colosso metido em um smoking gorduroso, avança na minha direção, com sua enorme cara inexpressiva. Rapidamente, aponto, ao acaso, um prato no cardápio, incompreensível para mim. Mas parece que isso vale uma explicação. E o garçom me faz perguntas em tcheco. Respondo com o pouco que sei de alemão. Ele desconhece o alemão. Eu me irrito. Ele chama uma das moças, que se adianta com uma pose clássica, mão esquerda no quadril, cigarro na direita e um sorriso molhado. Ela senta-se à minha mesa e me faz perguntas num alemão que julgo tão mau quanto o meu. Tudo se explica. O garçom queria me louvar o prato do dia. Como bom jogador, aceito o prato do dia. A moça fala comigo, mas não entendo mais. Naturalmente, digo que sim, com meu ar mais compenetrado. Mas não estou aqui. Tudo me exaspera, hesito, não estou com fome. E sempre essa minha ponta dolorosa, um aperto no estômago. Ofereço-lhe uma cerveja porque conheço os costumes. Chega o prato do dia: uma mistura de semolina e de carne, que uma quantidade inacreditável de cominho tornou repugnante. Mas penso em outra coisa, ou melhor, em nada, fitando a boca gordurosa e risonha da mulher à minha frente. Será que ela espera um convite? Já está perto de mim, começa a me agarrar. Um gesto instintivo meu a contém. (Ela era feia. Muitas vezes, pensei que, se ela fosse bonita, eu teria escapado de tudo que se seguiu.) Eu estava com medo de ficar doente, ali, no meio dessas pessoas, prontas para o riso. E, mais ainda, com medo de ficar só no quarto de hotel, sem dinheiro e sem desejo, reduzido a mim mesmo e a meus miseráveis pensamentos. Pergunto-me, ainda hoje, constrangido, como o ser feroz e covarde que eu era, então, conseguiu sair de mim. Saí. Andei pela cidade velha, mas, incapaz de ficar por muito tempo diante de mim mesmo, corri para o hotel, deitei-me e esperei o sono, que veio quase imediatamente.

 Todo país onde não me entedio é um país que nada me ensina. Com frases como estas, eu tentava me reanimar. Mas vou descrever os dias que se seguiram? Voltei ao meu restaurante. No almoço e no jantar, suportei a horrível comida de cominho, que me dava náuseas. Por isso, durante o dia todo eu levava para passear uma perpétua vontade de vomitar. Mas não me entreguei, sabendo que era preciso me alimentar. Aliás, que era isso diante do que teria sido necessário sofrer para tentar um novo restaurante? Lá, pelo menos, eu era "reconhecido". Pelo menos, sorriam para mim, mesmo que não me dirigissem a palavra. Por outro lado, a angústia ganhava terreno. Eu prestava demasiada atenção a essa ponta aguda no meu cérebro. Decidi organizar os meus dias, distribuir por eles pontos de apoio. Eu ficava na cama até o mais tarde possível, e os meus dias, assim, diminuíam. Eu me arrumava e explorava metodicamente a cidade. Perdia-me nas suntuosas igrejas barrocas, tentando reencontrar nelas uma pátria, mas saindo mais vazio e mais desesperado deste decepcionante tête-à-tête comigo mesmo. Vagava ao longo do Vltava, cortado por barragens borbulhantes. Passava horas a fio no imenso bairro de Hradschin, deserto e silencioso. À sombra de sua catedral e de seus palácios, na hora em que o sol declinava, meus passos solitários faziam ressoar as ruas. E, ao me dar conta disso, o pânico apoderava-se de mim. Jantava cedo e me deitava às oito e meia. O sol me arrancava de mim mesmo. Igrejas, palácios e museus, eu tentava amenizar minha angústia em todas as obras de arte. Truque clássico: eu queria transformar minha revolta em melancolia. Mas em vão. Logo que saía, era um estrangeiro. Certa vez, no entanto, em um claustro barroco, no outro extremo da cidade, a suavidade da hora, os sinos que badalavam lentamente, grupos de pombos que se desviavam da velha torre, algo assim como um aroma de ervas e de nada fez nascer em mim um silêncio todo povoado de lágrimas, que me colocou a um passo da libertação.

E, ao voltar para o hotel à noite, escrevi, de uma só vez, o que se segue, e que transcrevo fielmente, porque revejo na sua própria ênfase a complexidade do que eu então sentia: "E que outro lucro querer tirar da viagem? Eis-me sem enfeites. Cidade cujos cartazes não sei ler, caracteres estranhos, em que nada de familiar se fixa, sem amigos com quem falar, enfim, sem divertimento. Deste quarto, até onde chegam os ruídos de uma cidade estrangeira, bem sei que nada pode me tirar para levar-me em direção à luz mais delicada de um lar ou de um lugar amado. Vou chamar, gritar? São rostos estrangeiros que surgirão. Igrejas, ouro e incenso, tudo torna a lançar-me numa vida cotidiana na qual minha angústia dá a cada coisa o seu devido valor. E eis que a cortina dos hábitos, o tecido confortável dos gestos e das palavras, em que o coração se acalma, soergue-se lentamente para, enfim, tirar o véu que revela a face macilenta da inquietação. O homem está cara a cara consigo mesmo, desafio-o a ser feliz... E, no entanto, é por aí que a viagem o ilumina. Faz-se uma grande desarmonia entre ele e as coisas. Nesse coração menos sólido, a música do mundo entra mais facilmente. Nesse grande despojamento, enfim, a menor árvore isolada torna-se a mais terna e frágil das imagens. Obras de arte e sorrisos de mulheres, raças de homens plantadas em sua terra e monumentos a que se resumem os séculos — é uma paisagem comovente e sensível que a viagem compõe. E, então, no fim do dia, esse quarto de hotel, onde alguma coisa novamente me torna oco, assim como uma fome da alma." Mas preciso confessar que tudo isso eram histórias para me fazer dormir. E, efetivamente, posso dizê-lo agora, o que me resta de Praga é esse cheiro de pepino embebido em vinagre, que se vende em todas as esquinas, para se comer de pé, e cujo aroma ácido e picante revelava minha angústia, aumentando-a assim que eu ultrapassava a entrada do hotel. Isto, e talvez, também, uma certa melodia de acordeão. Debaixo de minhas janelas, um cego maneta, sentado sobre seu instrumento, segurava-o com uma nádega e manejava-o com a mão saudável. Era sempre a mesma melodia pueril e terna, que me despertava de manhã para colocar-me bruscamente na realidade sem cenário em que me debatia.

Lembro-me, ainda, de que eu parava, de repente, às margens do rio Vltava, e, dominado por aquele cheiro ou aquela melodia, projetado ao fim de mim mesmo, eu me dizia, baixinho: "Que significa isso? Que significa isso?" Mas, sem dúvida, eu ainda não tinha chegado aos extremos. No quarto dia, de manhã, por volta de dez horas, eu me preparava para sair. Queria ver um certo cemitério judeu, que não conseguira encontrar no dia anterior. Bateram à porta de um quarto vizinho. Depois de um instante de silêncio, bateram novamente. Desta vez por muito tempo, mas, aparentemente, em vão. Passos pesados desceram as escadas. Sem prestar atenção naquilo, com a mente vazia, perdi algum tempo lendo o modo de usar de um creme de barbear, que, aliás, eu já usava há um mês. O dia estava abafado. Do céu encoberto, sobre as torres e as cúpulas da velha Praga, escorria uma luz acobreada. Os vendedores de jornais anunciavam com seus berros, como todas as manhãs, o *Narodni Politika*. Eu me soltava com dificuldade do torpor que me dominava. Mas, no momento de sair, cruzei com o encarregado do andar, armado de chaves. Parei. Ele bateu de novo, por muito tempo. Tentou abrir. Nada aconteceu. Deviam ter passado o ferrolho interno. Novas batidas. O quarto soava oco e de forma tão lúgubre que, oprimido, saí, sem querer perguntar nada. Mas, nas ruas de Praga, perseguia-me um doloroso pressentimento. Como poderia esquecer a cara tola do encarregado do andar, seus sapatos engraxados, estranhamente tortos, e o botão que faltava no paletó? Por fim, almocei, mas com um desgosto crescente. Por volta de duas horas, retornei ao hotel.

No vestíbulo, os empregados cochichavam. Subi rapidamente os andares, para encontrar-me mais depressa diante do que eu estava esperando. Era isso mesmo. A porta do quarto estava entreaberta, de tal forma que se via, apenas, uma grande parede pintada de azul. Mas a luz desbotada de que falei antes projetava sobre esta tela a sombra de um morto estendido na cama e a de um policial montando guarda diante do corpo. As duas sombras se entrecortavam em ângulo reto. Aquela luz me perturbou. Era autêntica, uma verdadeira luz de vida, de uma tarde de vida, uma luz que faz com que se perceba que se vive. Ele estava morto. Só, no seu quarto. Eu sabia que não era um suicídio. Voltei precipitadamente para o meu quarto e atirei-me na cama. Um homem como muitos outros, pequeno e gordo, se eu podia confiar na sombra. Sem dúvida, estava morto há muito tempo. E a vida continuara no hotel, até que o encarregado teve a ideia de chamá-lo. Ele havia chegado lá sem desconfiar de nada e morrera só. Eu, nesse ínterim, lia o anúncio do meu creme de barbear. Passei a tarde toda num estado que teria dificuldade de descrever. Estava estendido, com a cabeça vazia e um estranho aperto no coração. Fazia as unhas. Contava as ranhuras do assoalho. "Se conseguir contar até mil..." Lá pelos cinquenta ou sessenta, foi uma confusão. Não conseguia ir adiante. Nada ouvia dos ruídos lá fora. Uma vez, no entanto, no corredor, uma voz abafada, uma voz de mulher, que dizia, em alemão: "Ele era tão bom." Então, pensei desesperadamente em minha cidade, à beira do Mediterrâneo, nas tardes de verão que tanto amo, tão suaves na luz verde, e cheias de mulheres jovens e belas. Há dias eu não pronunciara uma única palavra, e meu coração explodia de gritos e revoltas contidas. Eu teria chorado como uma criança se alguém abrisse os braços para mim. Lá pelo fim da tarde, abatido pelo cansaço, olhava perdidamente para o trinco da minha porta, com a cabeça oca, repetindo uma melodia popular de acordeão. Naquele momento, eu não conseguia ir mais adiante. Sem país, sem cidade, sem quarto e sem nome, loucura ou conquista, humilhação ou inspiração, eu iria saber ou me consumir? Bateram à porta e meus amigos entraram. Estava salvo, mesmo que frustrado. Acho que disse: "Fico contente em revê-los." Mas estou certo de que aí pararam minhas confissões, e de que, a seus olhos, fiquei sendo o homem que eles haviam deixado.

*

Deixei Praga pouco depois. E, certamente, interessei-me pelo que vi em seguida. Poderia registrar determinada hora no pequeno cemitério gótico de Bautzen, o vermelho brilhante de seus gerânios e a manhã azul. Poderia falar das extensas planícies da Silésia, impiedosas e ingratas. Atravessei-as ao amanhecer. Alguns pássaros voavam pesadamente por cima das terras pegajosas, na manhã cheia de gordura e de brumas. Eu gostava, também, da Morávia terna e grave, suas grandes distâncias puras, seus caminhos guarnecidos de ameixeiras de frutos ácidos. Mas guardava, lá no fundo de mim, o atordoamento daqueles que olharam demais para uma rachadura sem fundo. Cheguei a Viena, de onde parti ao fim de uma semana, sempre prisioneiro de mim mesmo. No entanto, no trem que me conduzia de Viena a Veneza, eu esperava algo. Estava como um convalescente que foi alimentado com caldos e que fica pensando como será a primeira casca de pão que vai comer. Nascia uma luz. Sei disso agora: eu estava pronto para a felicidade. Vou falar apenas dos seis dias que vivi em uma colina, perto de Vicenza. Estou ali ainda, ou melhor, revejo-me lá às vezes, e, frequentemente, tudo me é devolvido com um perfume de alecrim.

Entro na Itália. Terra feita para a minha alma, reconheço um por um os sinais de sua proximidade. São as primeiras casas de telhas formadas de escamas; os primeiros vinhedos espremidos contra um muro, que a pulverização com sulfato tornou azulado. São as primeiras roupas estendidas nos quintais, a desordem das coisas, a desarrumação dos homens. E o primeiro cipreste (tão franzino e, no entanto, tão reto), a primeira oliveira, a figueira poeirenta. Praças cheias de sombras das pequenas aldeias italianas, hora do meio-dia, quando os pombos procuram um abrigo, lentidão e preguiça, a alma gasta ali as suas revoltas. A paixão encaminha-se progressivamente para as lágrimas. E, depois, eis Vicenza. Aqui, os dias giram sobre si mesmos, desde o despertar do dia cheio do cacarejar das galinhas até esta tarde sem igual, adocicada e terna, sedosa por trás dos ciprestes, ritmada pelo canto das cigarras. Esse silêncio interior, que me acompanha, nasce da lenta progressão que leva o dia a esse outro dia. Que mais posso desejar, a não ser este quarto que se abre para a planície, com seus móveis antigos e suas rendas de crochê? Tenho todo o sol sobre o rosto, e este redemoinho dos dias, parece-me que poderia segui-lo sem parar, imóvel, girando com eles. Respiro a única felicidade de que sou capaz — uma consciência atenciosa e cordial. Passeio o dia todo: da colina, desço em direção a Vicenza, ou, então, vou mais adiante no campo. Cada ser que encontro, cada cheiro dessa rua, tudo é pretexto para amar sem medida. Jovens mulheres que supervisionam uma colônia de férias, a trombeta do vendedor de sorvetes (o veículo deles é uma gôndola montada sobre rodas, munida de tabuleiros), as barracas de frutas, melancias vermelhas com caroços negros, uvas translúcidas e meladas —tantos apoios para quem não sabe mais ficar só.* Mas a flauta ácida e terna das cigarras, o perfume de águas e de estrelas que se encontram nas noites de setembro, os caminhos aromáticos entre as árvores de pistache e os juncos, tantos sinais de amor para quem é forçado a ser só.** Assim passam-se os dias. Depois do deslumbramento das horas cheias de sol, vem o deslumbramento do entardecer, no cenário esplêndido que nele faz ouro do pôr do sol e negro dos ciprestes. Caminho, então, pela estrada, rumo às cigarras que se ouvem de tão longe. À medida que avanço, uma a uma, elas diminuem o seu canto e depois emudecem. Ando com passos lentos, oprimido por tanta beleza ardente. Atrás de mim, uma a uma, as cigarras inflam suas vozes e depois cantam: um mistério no céu, de onde caem a indiferença e a beleza. E, na derradeira luz, leio na fachada de uma villa: "In magnificentia naturae, resurgit

---

* Isto é, todo mundo.
** Isto é, todo mundo.

spiritus." Ali, é preciso parar. Logo a primeira estrela, depois três luzes sobre a colina em frente, a noite que caiu de repente, sem nada para anunciá-la, um murmúrio e uma brisa nos arbustos às minhas costas, o dia fugiu, deixando-me sua suavidade.

Certamente, eu não tinha mudado, apenas não estava mais só. Em Praga, eu sufocava entre paredes. Aqui, estava diante do mundo, e, projetado à minha volta, povoava o universo de formas semelhantes a mim. Isso porque ainda não falei do sol. Assim como levei muito tempo para compreender minha ligação e meu amor pelo mundo da pobreza em que minha infância se passou, somente agora percebo a lição do sol e dos lugares que me viram nascer. Pouco antes do meio-dia, eu saía, dirigindo-me para um ponto conhecido, que dominava a planície de Vicenza. O sol estava quase a pino, o céu, de um azul intenso e arejado. Toda a luz que dele escorria rolava pela encosta das colinas, vestia os ciprestes e as oliveiras, as casas brancas e os tetos vermelhos com o mais quente dos vestidos, e depois ia perder-se na planície, que fumegava ao sol. E, a cada vez, era a mesma consternação. Em mim, a sombra horizontal do homenzinho gordo e curto. E, nessas planícies em turbilhão sob o sol e na poeira, nessas colinas descalvadas, cobertas por uma casca de grama queimada, o que eu constatava com segurança era uma forma despojada e sem atrativos do gosto pelo nada que carregava comigo. Esse lugar me remetia ao coração de mim mesmo, colocando-me diante de minha angústia secreta. Mas era e não era a angústia de Praga. Como explicar isso? Claro, diante dessa planície italiana, povoada de árvores, de sol e de sorrisos, captei melhor do que em qualquer lugar o cheiro de morte e de desumanidade que me perseguia há um mês. Sim, essa plenitude sem lágrimas, esta paz sem alegria que me completava, tudo isso era feito apenas de uma consciência muito nítida daquilo que não mais se manifestava para mim: uma renúncia e um desinteresse. Como quem vai morrer e sabe disso, não se interessa pelo destino de sua mulher, a não ser nos romances. Ele realiza a vocação do homem, que é a de ser egoísta, quer dizer, desesperado. Para mim, nenhuma promessa de imortalidade neste país. De que me adiantava reviver em minha alma, e sem olhos para ver Vicenza, sem mãos para tocar as uvas de Vicenza, sem pele para sentir a carícia da noite na estrada do Monte Berico à Villa Valmarana?

Sim, tudo isso era verdade. Mas, ao mesmo tempo, com o sol, penetrava em mim algo que não saberia explicar direito. Nessa ponta extrema da consciência extrema, tudo se encontrava, e minha vida surgia como um bloco, a ser rejeitado ou acolhido. Eu precisava de uma grandeza. Encontrava-a no confronto de meu desespero profundo com a indiferença secreta de uma das mais belas paisagens do mundo. Eu extraía disso a força de ser corajoso e consciente ao mesmo tempo. Chega, para mim, de algo tão difícil e tão paradoxal. Mas, talvez, eu tenha exagerado alguma coisa do que então sentia com tanta razão. De resto, volto com frequência a Praga e aos dias mortais que lá vivi. Reencontrei minha cidade. Somente às vezes um cheiro amargo de pepino e de vinagre vem despertar minha inquietação. Preciso, então, pensar em Vicenza. Mas as duas me são caras, e tenho dificuldade de separar meu amor pela luz e pela vida da minha ligação secreta com a experiência desesperada que quis descrever. Já se compreendeu, e eu, eu não quero me decidir a escolher. No subúrbio de Argel, há um pequeno cemitério com portas de ferro negro. Quando se vai até o fim, descobre-se o vale, com a baía ao fundo. Pode-se ficar muito tempo pensando diante dessa oferenda que suspira com o mar. Mas, quando se refaz o caminho, encontra-se uma placa: "Saudades eternas", em um túmulo abandonado. Felizmente, há idealistas para colocar as coisas em ordem.

Amor pela vida

À noite, em Palma, a vida reflui lentamente em direção aos cafés onde se canta, que ficam atrás do mercado: ruas negras e silenciosas até o momento em que se chega diante das portas de persianas, que filtram a luz e a música. Passei quase toda uma noite em um desses cafés. Era uma pequena sala muito baixa, retangular, pintada de verde, decorada com guirlandas cor-de-rosa. O teto forrado de madeira era coberto de minúsculas lâmpadas vermelhas. Nesse pequeno espaço, estavam milagrosamente instalados uma orquestra, um bar com garrafas coloridas e o público, ombro a ombro. Só homens. No centro, dois metros quadrados de espaço livre. Copos e garrafas derramavam, despachados pelo garçom aos quatro cantos da sala. Nenhum ser ali estava consciente. Todos urravam. Uma espécie de oficial de marinha arrotava na minha cara gentilezas carregadas de álcool. Na minha mesa, um anão sem idade contava-me sua vida. Mas eu estava tenso demais para escutá-lo. A orquestra tocava sem parar melodias cujo ritmo só se captava porque todos os pés batiam o compasso. Às vezes, a porta se abria. No meio dos urros, encaixava-se um recém-chegado entre duas cadeiras.*

A um toque súbito de címbalo, uma mulher pulou bruscamente no círculo exíguo no meio do cabaré. "Vinte e um anos", me disse o oficial. Fiquei perplexo. Um rosto de moça, mas esculpido numa montanha de carne. A mulher podia ter um metro e oitenta. Enorme, devia pesar uns cento e cinquenta quilos. Com as mãos no quadril, vestida com uma rede amarela, cujas malhas faziam inchar um tabuleiro de xadrez de carne branca, ela sorria; e cada canto de sua boca enviava em direção à orelha uma série de pequenas ondulações de carne. Na sala, a excitação não tinha mais limites. Sentia-se que essa moça era conhecida, amada, esperada. Ela não parava de sorrir. Passeou o olhar pelo público e, sempre silenciosa e sorridente, fez ondular o ventre, atirando-o para a frente. A sala urrou, depois pediu uma canção que parecia conhecida. Era um canto andaluz, anasalado e ritmado surdamente pela bateria, todos os três compassos. Ela cantava e, a cada movimento, imitava o amor com o corpo todo. Nesse movimento monótono e apaixonado, nasciam verdadeiras ondas de carne nos quadris, que vinham morrer nos ombros. A sala estava como que esmagada. Mas, no refrão, a moça, girando sobre si mesma, segurando os seios nas mãos e abrindo a boca vermelha e molhada, retomou a melodia, fazendo coro com a sala, até que todos se levantaram no tumulto.

---

* Há uma certa descontração na alegria que define a verdadeira civilização. E o povo espanhol é um dos raros na Europa que é civilizado.

Ela, acampada no centro, pegajosa de suor, descabelada, endireitava a cintura maciça, inchada em sua rede amarela. Como uma deusa imunda saindo da água, com a testa tola e baixa, os olhos fundos, vivia apenas através de um estremecimento do joelho, como os cavalos depois da corrida. No meio da alegria turbulenta que a cercava, era como a imagem ignóbil e exultante da vida, com o desespero de seus olhos vazios e o suor espesso de seu ventre...

Sem os cafés e os jornais, seria difícil viajar. Uma folha impressa em nossa língua, um lugar, onde, à noite, tentamos nos comunicar com os homens, permite-nos imitar, com um gesto familiar, o homem que éramos em nossa terra, e que, à distância, nos parece tão estranho. Pois o que dá valor à viagem é o medo. Ele quebra em nós uma espécie de cenário interior. Não é mais possível trapacear — ocultar-se por trás do horário do escritório e do canteiro de obras (esses horários contra os quais protestamos tão alto e que nos defendem com tanta segurança do sentimento de estar só). Assim é que sempre tive vontade de escrever romances em que meus heróis diriam: "Que seria de mim sem meu horário do escritório?" ou, ainda: "Minha mulher morreu, mas, por sorte, tenho um monte de expedientes para redigir amanhã." A viagem nos tira este refúgio. Longe dos nossos, da nossa língua, arrancados de todos os nossos apoios, privados de nossas máscaras (não se conhece o preço das passagens de bonde e tudo é assim), estamos totalmente na superfície de nós mesmos. Mas, também, ao sentir nossa alma doente, atribuímos a cada ser, a cada objeto, seu valor de milagre. Uma mulher que dança sem pensar, uma garrafa sobre a mesa, vista por trás de uma cortina: cada imagem torna-se um símbolo. A vida nos parece refletir-se ali por inteiro, na medida em que nossa vida se resume a esse momento. Sensível a todos os dons, como falar destes estados de embriaguez contraditórios que podemos saborear (até o da lucidez). E, talvez, nunca um lugar, a não ser o Mediterrâneo, me colocou, ao mesmo tempo, tão distante e tão perto de mim mesmo.

Sem dúvida, daí vinha minha emoção no café de Palma. Mas, ao meio-dia, pelo contrário, no bairro deserto da catedral, entre os velhos palácios de pátios frescos, nas ruas com cheiro de sombra, era a ideia de uma certa "lentidão" que me impressionava. Ninguém nas ruas. Nos mirantes, velhas mulheres imóveis. E, caminhando ao longo das casas, detendo-me nos pátios cheios de plantas verdes e de pilastras redondas e cinzentas, eu me dissolvia nesse cheiro de silêncio, perdia os meus limites, nada mais era do que o som de meus passos, ou desse voo de pássaros, cuja sombra eu enxergava no alto dos muros ainda ensolarados. Assim, eu passava longas horas no pequeno claustro gótico de São Francisco. Sua fina e preciosa colunata reluzia, um belo amarelo dourado que têm os velhos monumentos na Espanha. No pátio, loureiros cor-de-rosa, falsas pimenteiras, um poço de ferro batido, de onde pendia uma comprida colher de metal enferrujado. As pessoas passavam e bebiam água. Às vezes, lembro-me, ainda, do ruído claro que ela fazia ao cair de novo sobre a pedra do poço. No entanto, não era a doçura de viver que o poço me ensinava. No seco bater de asas de seus voos de pombos, o silêncio subitamente enroscado no meio do jardim, no ranger isolado de sua corrente de poço, eu encontrava um sabor novo e, no entanto, familiar. Estava lúcido e sorridente diante desse jogo singular de aparências. Aquele cristal em que sorria o rosto do mundo, parecia-me que um gesto o teria rachado ao meio. Algo ia desfazer-se, o voo dos pombos ia morrer e cada um deles ia cair lentamente sobre as asas estendidas. Só o meu silêncio e a minha imobilidade tornavam plausível o que se parecia tanto com uma ilusão. Eu entrava no jogo. Sem iludir-me, eu me prestava às aparências. Um belo sol dourado aquecia suavemente as pedras amarelas do claustro. Uma mulher tirava água do poço. Em uma hora, um minuto, um segundo, talvez agora, tudo podia desmoronar. E, contudo, o milagre prosseguia. O mundo perdurava, pudico, irônico e discreto (como certas formas suaves e comedidas da amizade das mulheres). Prosseguia um equilíbrio, tingido, no entanto, por toda a apreensão de seu próprio fim.

Ali estava todo o meu amor de viver: uma paixão silenciosa pelo que, talvez, ia me escapar, uma amargura sob uma chama. Todos os dias, eu deixava o claustro como que enlevado em mim mesmo, gravado, por um breve instante, na duração do mundo. E bem sei por que pensava, então, nos olhos sem olhar dos Apoios dóricos ou nos personagens ardentes e imobilizados de Giotto.* É que, nesse momento, eu compreendia realmente o que me podiam acrescentar lugares como esse. Fico admirado de que se possa encontrar, à beira do Mediterrâneo, certezas e regras de vida; que aí se satisfaça a nossa razão e que se justifique um otimismo e um sentido social. Pois, afinal, o que me impressionava, então, não era um mundo feito na medida do homem — mas que se tornava a fechar sobre o

---

* É com o surgimento do sorriso e do olhar que começam a decadência da escultura grega e a dispersão da arte italiana. Como se a beleza deixasse de existir onde começava o espírito.

homem. Não, se a linguagem desse lugar se conciliasse com aquilo que ressoa profundamente em mim, não é porque ela respondia às minhas perguntas, e sim porque as tornava inúteis. Não eram ações de graças que conseguiam chegar aos lábios, mas esse Nada, que só conseguiu nascer diante das paisagens castigadas pelo sol. Não há amor de viver sem desespero de viver.

Em Ibiza, eu ia todos os dias sentar-me nos cafés que balizam o porto. Por volta de cinco horas, os jovens da região passeiam em duas fileiras ao longo de todo o quebra-mar. Ali se fazem os casamentos e a vida inteira. Não se pode deixar de pensar que há uma certa grandeza em começar assim a sua vida diante do mundo. Eu me sentava, ainda trôpego do sol do dia, cheio de igrejas brancas e de muros caiados, de campos secos e de oliveiras hirsutas. Eu tomava um refrigerante adocicado. Olhava para a curva das colinas à minha frente. Elas descem suavemente em direção ao mar. A tarde ficava verde. Na colina maior, a última brisa fazia girar as pás de um moinho. E, por um milagre natural, todo mundo baixava a voz. De tal forma que só havia o céu e as palavras cantadas, que chegavam a ele, mas que se ouviam como se viessem de muito longe. Nesse breve instante de crepúsculo, reinava algo de fugaz e de melancólico que não era sensível apenas a um homem, mas a todo um povo. No meu caso, eu tinha vontade de amar, como se tem vontade de chorar. Parecia-me que cada hora de meu sono seria de agora em diante roubada da vida, quer dizer, do tempo do desejo sem objeto. Como naquelas horas vibrantes do cabaré de Palma e do claustro de São Francisco, eu estava imóvel e tenso, sem forças contra esse imenso arrebatamento que queria colocar o mundo em minhas mãos.

Bem sei que estou errado, que há limites. Crer, só com esta condição. Mas não há limites para amar, e que me importa apertar pouco, se posso tudo abarcar. Há mulheres em Gênova cujo sorriso amei por toda uma manhã. Não irei revê-las mais, e, sem dúvida, nada é mais simples. Mas as palavras não cobrirão a chama de meu remorso. Pequeno poço do claustro de São Francisco, ali eu via passar os voos dos pombos e esquecia minha sede. Mas chegava sempre um momento em que minha sede renascia.

O avesso e o direito

Era uma mulher original e solitária. Mantinha uma estreita relação com os espíritos, tomava partido deles em suas disputas e recusava-se a encontrar-se com certas pessoas de sua família, malvistas no mundo em que se refugiara. Tocou-lhe na partilha da irmã uma pequena herança. Estes cinco mil francos, que chegaram no fim de uma vida, revelaram-se bastante incômodos. Era preciso fazer com que rendessem. Se quase todos os homens são capazes de se servirem de uma grande fortuna, as dificuldades começam quando a soma é pequena. A mulher continuou fiel a si própria. Próxima da morte, quis abrigar seus velhos ossos. Ofereceram-lhe condições muito favoráveis. No cemitério de sua cidade, acabara de expirar uma concessão, e, no terreno, os proprietários haviam erguido um suntuoso jazigo, de linhas sóbrias, em mármore negro; em resumo — um verdadeiro tesouro, que lhe deixavam pela soma de quatro mil francos. E isso era um valor seguro, ao abrigo das flutuações da bolsa de valores e dos acontecimentos políticos. Ela mandou arrumar a cova, manteve-a pronta para receber o próprio corpo. E, quando tudo ficou pronto, mandou gravar o nome em maiúsculas de ouro. Esse negócio agradou-lhe de tal forma que se tomou de um verdadeiro amor pelo seu túmulo. No início, ia ver o andamento das obras. Acabou visitando o túmulo todos os domingos à tarde. Foi a sua saída singular e sua única distração. Por volta de duas horas da tarde, percorria o longo trajeto que a levava até as portas da cidade, onde ficava o cemitério. Entrava no pequeno jazigo, tornava a fechar cuidadosamente a porta e ajoelhava-se no genuflexório. Assim é que, colocada diante da presença de si própria, confrontando o que ela era e o que devia ser, redescobrindo o elo de uma cadeia sempre rompida, penetrou, sem esforço, nos desígnios secretos da Providência. Por um símbolo singular, um dia chegou até a entender que estava morta aos olhos do mundo. No Dia de Todos os Santos, tendo chegado mais tarde que de hábito, encontrou a soleira da porta piedosamente atapetada de violetas. Por uma delicada atenção, estranhos, compadecidos diante desse túmulo abandonado sem flores, haviam compartilhado as suas e honrado a memória desse morto entregue a si mesmo.

E eis que retomo estas coisas. Este jardim do outro lado da janela, dele só vejo os muros. E essas poucas folhagens em que desliza a luz. Mais acima, são, ainda, folhagens. Mais acima, está o sol. Mas, de todo esse júbilo do ar que se sente do lado de fora, de toda essa alegria derramada sobre o mundo, só vejo sombras da ramagem que brincam em minhas cortinas brancas. Cinco raios de sol também que espargem pacientemente pelo quarto um perfume de ervas secas. Uma brisa, e as sombras animam-se na cortina. Uma nuvem encobre, e depois torna a encobrir o sol, e da sombra emerge o amarelo reluzente desse jarro de mimosas. Isto basta: um único brilho nascente, e eis que me encho de uma alegria confusa e atordoante. É uma tarde de janeiro, que me põe, assim, diante do avesso do mundo. Mas o frio continua no fundo do ar. Em todo lugar, uma película de sol que racharia sob a unha, mas que reveste todas as coisas com um eterno sorriso. Quem sou, e que posso fazer, a não ser entrar no jogo das folhagens e da luz? Ser este raio em que meu cigarro se consome, esta suavidade e esta paixão discreta que respira no ar. Se tento chegar a mim, é bem no fundo desta luz. E, se tento compreender e saborear esse delicado gosto que o segredo do mundo confia, é a mim mesmo que encontro no fundo do universo. Eu mesmo, quero dizer, essa extrema emoção que me liberta do cenário.

 Há pouco, outras coisas, os homens e os túmulos que compram. Mas deixem-me recortar este minuto no tecido do tempo. Outros deixam uma flor entre as páginas de um livro, encerrando nele um passeio em que o amor os tocou de leve. Eu também passeio, mas é um deus que me acaricia. A vida é curta, e é pecado perder tempo. Sou ativo, segundo dizem. Mas ser ativo é, ainda, perder tempo, na medida em que nos perdemos. Hoje é uma parada e meu coração parte ao encontro de si mesmo. Se uma angústia ainda me oprime, é por sentir esse impalpável instante escorrer por entre meus dedos, como as partículas do mercúrio. Deixem, pois, aqueles que querem dar as costas ao mundo. Não me queixo porque me vejo nascer. Neste momento, todo o meu reino é desse mundo. Este sol e estas sombras, este calor, e este frio que vem do fundo do ar: devo perguntar-me se algo morre e se os homens sofrem, já que tudo está escrito nesta janela na qual o céu derrama a plenitude ao encontro de minha piedade. Posso dizer, e vou dizê-lo daqui a pouco, que o que conta é ser humano e simples. Não, o que conta é ser verdadeiro, e, então, tudo se inscreve nisso, a humanidade e a simplicidade. E, então, quando sou mais verdadeiro do que quando sou o mundo? Sou presenteado antes de ter desejado. A eternidade está ali, e eu esperava por ela. Agora, não desejo mais ser feliz, e sim apenas estar consciente.

Um homem contempla, e o outro cava o seu túmulo: como separá-los? Os homens e seu absurdo? Mas eis o sorriso do céu. A luz se infla e será logo verão? Mas eis os olhos e a voz daqueles a quem é preciso amar. Sou ligado ao mundo por todos os meus gestos; aos homens, por toda a minha piedade e o meu reconhecimento. Entre este lugar e este avesso do mundo, não quero escolher, não gosto que se escolha. As pessoas não querem que se seja lúcido e irônico. Dizem: "Isso mostra que você não é bom." Não vejo a ligação. É claro, se ouso dizer a alguém que é imoralista, traduzo que ele tem necessidade de atribuir-se uma moral; o outro, que despreza a inteligência, compreendo que não consegue suportar suas dúvidas. Mas isto porque não gosto que se trapaceie. A grande coragem é, ainda, a de manter os olhos abertos, tanto sobre a luz quanto sobre a morte. De resto, como explicar o elo que leva deste amor devorador pela vida a esse desespero secreto. Se escuto a ironia,* escondida no fundo das coisas, ela se descobre lentamente. E, piscando o olho pequeno e claro: "Viva como se...," diz ela. Apesar de muitas pesquisas, está aí toda a minha ciência.

---

* Esta *garantia de liberdade*, da qual nos fala Barrès.

Afinal, não estou certo de ter razão. Mas o importante não é se penso naquela mulher cuja história me contaram. Ela ia morrer e sua filha vestiu-a para o túmulo enquanto ainda estava viva. Na verdade, parece que a coisa é mais fácil quando os membros ainda não estão rígidos. Mas, mesmo assim, é curioso como vivemos no meio de pessoas apressadas.

Este livro foi composto na tipografia Minion
Pro Regular, em corpo 11/16,5, e impresso em
papel off-white no Sistema Digital Instant Duplex
da Divisão Gráfica da Distribuidora Record.